LA FRANCE

ET

LES PARTIS

LETTRE A UN AMI

PAR

Albert CAZENEUVE

TOULOUSE
IMPRIMERIE F. TARDIEU
6, RUE DES GESTES, 6
1888

LA FRANCE

ET

LES PARTIS

LETTRE A UN AMI

PAR

Albert CAZENEUVE

TOULOUSE
IMPRIMERIE F. TARDIEU
6, RUE DES GESTES, 6
1888

LA FRANCE ET LES PARTIS

Mon cher Ami,

Dans les époques de transformation rapide et d'évolution accélérée, comme celle que nous traversons, les passions surexcitées, les luttes ardentes, les espérances impatientes, les déceptions inévitables empêchent souvent d'avoir des idées et des faits une notion absolument exacte; souvent même les mots employés ont, dans la pensée de ceux qui les emploient, des acceptions différentes et il règne dès lors, soit dans le langage, soit dans les actes, des ambiguïtés ou des contradictions.

C'est dans ces moments-là surtout qu'il est utile de faire un retour sur soi-même et sur les évènements, de regarder le chemin parcouru, de voir la route qui s'ouvre devant soi et si, de cet examen de conscience, il résulte quelques doutes sur l'utilité des efforts que l'on a accomplis, sur l'efficacité de ceux que l'on se propose de tenter, il faut alors chercher, sincèrement, résolument, abstraction faite de toute idée préconçue, ce qu'il convient de faire dans l'intérêt du pays.

Nous devons donc examiner attentivement les uns et les autres la situation et, puisque vous voulez bien me demander mon avis, je vais vous donner ici franchement et sans arrière-pensée mon opinion, dont vous ferez ensuite tel cas que vous jugerez utile.

Nous serons, peut-être, en désaccord, je le crains, sur quelques points de détail, car, tout en marchant côte à côte, fidèles aux mêmes grands principes, nous n'avons pas toujours dans ces dernières années envisagé du même œil les événements qui se produisaient autour de nous. Quoiqu'il en soit, nous n'oublierons jamais ni l'un ni l'autre nos bonnes relations, nous ne perdrons pas de vue le souvenir des luttes soutenues en commun, nous penserons à celles que nous aurons sans doute encore à soutenir dans l'avenir et nous resterons toujours attachés l'un à l'autre par les liens de notre ancienne et profonde amitié.

Vous savez combien dominent aujourd'hui dans toutes les branches de l'activité intellectuelle et l'esprit d'analyse s'attachant aux détails les plus minutieux et la spécialisation poussée jusqu'à ses plus extrêmes limites. Cette tendance générale de notre époque s'est également fait sentir dans le domaine politique; il n'en pouvait être autrement, mais elle y a produit des conséquences bien différentes des résultats qu'elle a donnés dans l'ordre scientifique. Elle a engendré une dissémination exagérée des forces vives du pays et créé des courants multiples d'opinions qui se heurtent et se paralysent lorsqu'ils devraient au contraire essayer de se juxtaposer et de se renforcer.

Chacun éprouve le besoin de se catégoriser, de se cantonner dans un clan, de suivre aveuglément les rites étroits d'une de ces mille et une petites chapelles qui se sont établies à la faveur de cet émiettement de l'opinion. Si un groupe sort de son isolement, c'est pour chercher à créer avec un ou plusieurs autres groupes, non pas une alliance sincère et féconde sur un terrain large et ouvert à tous, mais une coalition hétérogène ne pouvant produire aucun effet utile et durable.

Nous sommes ainsi entraînés les uns et les autres à perdre insensiblement de vue ce que l'on pourrait appeler les grandes vérités du dogme politique et nous en arrivons à un état de division et d'impuissance, préjudiciable à tous, profitable seulement à ces politiciens de profession qui trouvent le moyen de s'y créer une situation ou plutôt d'y exercer un métier.

Je sais bien, mon cher ami, qu'au milieu du chaos d'idées dans lequel nous vivons actuellement, il est plus difficile, qu'il ne l'est en d'autres temps, d'avoir une notion nette, précise, et d'autre part, comme c'est un besoin de notre nature d'avoir ou de s'imaginer avoir une notion nette et précise, nous nous figurons le plus souvent qu'il suffit, pour y suppléer, d'émettre un avis tranchant, de lancer une affirmation formelle, sans nous être donné la peine d'étudier la question sous tous ses points de vue. Il suit de là que nous apportons presque toujours dans la lutte des idées préconçues et des partis-pris, et que, si nous rencontrons sur notre route un contradicteur, nous essayons réciproquement soit de nous convertir, soit de nous réduire à l'impuissance, mais sans chercher à nous éclairer mutuellement.

Puisque je constate ces inconvénients, je vais m'efforcer de les éviter en causant avec vous, d'autant que je ne veux pas faire ici œuvre de polémique ni me livrer à des récriminations rétrospectives.

Depuis 1789 la France est une démocratie poursuivant à travers des vicissitudes et des fortunes diverses, à pas tantôt lents et tantôt rapides, sa marche progressive.

L'existence d'une nation, quoiqu'on veuille et quoiqu'on fasse, pas plus que la vie d'un homme, ne peut se recommencer. Il faut donc accepter cette existence, dans l'état où elle est, avec les conséquences forcées qui en découlent et rechercher les moyens qui, appropriés aux circonstances présentes, paraissent le mieux répondre aux besoins.

L'examen du passé peut souvent en pareille matière être utile pour indiquer les conditions de vie antérieure, expliquer le présent, préjuger l'avenir, de même que les médecins doivent étudier chez leurs clients la question d'atavisme ou d'hérédité pour mieux apprécier les phénomènes qu'ils constatent et les déductions qu'ils en peuvent tirer. Cet examen d'ailleurs ne sera profitable qu'à condition de noter avec soin les différences résultant de la différence des époques et de ne pas nous laisser séduire par l'influence des mots qui, généralement, exercent sur notre esprit une impression profonde sans que nous cherchions à nous rendre un compte suffisamment exact de leur véritable signification dans telle ou telle condition déterminée.

Lorsque nous examinons, en effet, l'histoire sans passion, nous voyons souvent le même mot qui n'a pas absolument ni le même sens ni la même acception suivant les époques et suivant les circonstances.

Pour nous en convaincre, jetons un rapide regard sur le passé.

Si nous suivons depuis son origine jusqu'à nos jours la Monarchie française, nous trouvons que le mot royauté s'est perpétué pendant une longue suite de siècles pour désigner le pouvoir suprême du pays, mais nous voyons en même temps se grouper autour de ce mot des institutions qui par certains côtés de forme et de fond se différencient entr'elles très sensiblement. Il y a loin en effet de la monarchie rudimentaire des premiers rois mérovingiens à la monarchie traditionnelle et absolue de Louis XIV; il y a loin de la monarchie libérale et affaiblie de Louis XVI à la monarchie constitutionnelle et parlementaire de Louis-Philippe.

Si nous examinons la République qui, à diverses reprises, a été depuis un siècle le gouvernement de la France, nous trouvons également sous le même mot des différences notables; nous voyons, en effet, la première République, sortant du grand mouvement de la Révolution de 1789, au milieu d'un amas d'idées nouvelles encore confuses, la République de 1848 amenée par la poussée ascensionnelle de la catégorie si nombreuse de la population à laquelle un gouvernement censitaire refusait le droit de participer à la gestion des affaires publiques, enfin la République actuelle, survenant à la suite de nos malheurs, consacrée en 1875 par une coalition parlementaire qui a imprimé à l'acte constitutif son cachet indélébile, toutes trois différentes entr'elles et de plus chacune d'elles observée isolément présentant aussi des différences suivant qu'on l'observe à telle ou telle époque.

Il en est ainsi également quand on considère les deux Empires qui, sous un même nom et tout en offrant certaines grandes lignes identiques, ont cependant entr'eux des signes différentiels très sensibles qui tiennent à la diversité des circonstances au milieu desquelles ils sont nés et se sont développés.

Cela nous montre qu'il ne faut pas attacher aux mots en eux-mêmes une importance qu'ils n'ont pas, qu'il ne faut pas davantage s'arrêter obstinément aux formes extérieures que ces mots représentent et que, pour me servir d'une expression vulgaire, il ne faut pas juger la marchandise d'après l'étiquette inscrite sur le sac qui la renferme. Il faut observer plus au fond et ne se former une opinion qu'en plus complète connaissance de cause. On reconnaîtra alors que chacun des gouvernements qui se sont succédé a eu sa raison d'être et son utilité parce qu'il a presque toujours répondu, au moins pendant une partie de sa durée, aux besoins de son époque et que, d'une façon plus ou moins consciente suivant l'intelligence de ceux qui le dirigeaient, il a ainsi préparé l'éclosion ultérieure des aspirations qui n'étaient alors qu'en germe.

Mais si nous ne devons témoigner vis à vis du passé ni dédain ni colère, si nous devons même le saluer d'un regard respectueux et reconnaissant, car il a pour sa part contribué à nous amener au point où nous sommes, nous ne devons pas nous attarder dans une contemplation stérile, nous ne devons pas surtout essayer de faire revivre de toutes pièces des applications qui ont pu être avantageuses, nécessaires même à d'autres époques, mais dont la résurrection serait aujourd'hui inutile ou dangereuse par suite des transformations opérées autour de nous. Il convient de ne pas perdre de vue cette parole si vraie de Napoléon III : « Marchez à la tête des idées du siècle, elles vous suivent ; marchez avec elles, elles vous soutiennent; marchez contre elles, elles vous renversent. »

Si la monarchie a été pendant de longs siècles la forme exclusive dans laquelle s'est personnifié le gouvernement du pays, cela tient à ce que l'évolution politique et sociale durant cette période s'est accomplie avec une lenteur relative qui, de temps en temps, apportait à l'édifice gouvernemental quelques modifications, mais sans le remanier de fond en comble. Depuis cent ans, au contraire, les changements sont plus fréquents, les transformations plus complètes et nous avons vu se succédant tour à tour à diverses reprises la Monarchie, l'Empire et la République, sans que, par suite des circonstances, aucune de ces formes de gouvernement ait pu donner la formule définitive à appliquer dans l'état présent. Cette instabilité du pouvoir que l'on peut regretter à certains égards a cependant une explication toute naturelle.

Nous nous trouvons, en effet, depuis 1789 en face d'une société nouvelle ayant surgi tout à coup des ruines du passé, ayant à se constituer et à se former au point de vue social et politique. Cette tâche immense ne pouvait être que l'œuvre du temps, elle ne pouvait s'opérer que par des efforts successifs et, suivant la pensée profonde et juste exprimée dans un livre récent par le prince Napoléon, « il fallait laisser à la démocratie le temps de fixer ses conquêtes avant d'arrêter la forme dans laquelle elle trouverait la garantie de ses droits. »

C'est surtout dans les époques de transformation comme celle que nous traversons depuis un siècle qu'il est nécessaire de se retremper en quelque sorte aux sources mêmes et de rechercher scrupuleusement quelles sont les doctrines dont l'application peut être utile au pays dans l'état où il se trouve.

Nous faisons malheureusement tous plus ou moins et d'une façon presque toujours inconsciente de la politique de passion et de sentiment au lieu de faire de la politique de réflexion et de raison, sans nous demander si les doctrines que nous défendons répondent bien aux besoins du pays, sans rechercher si nous mettons nos actes d'accord avec les doctrines que nous prétendons défendre.

Les uns, en effet, obéissant à une idée qui peut être juste en principe mais qui se trouve dénaturée dans l'application, essaient, sur un terrain trop étroit, trop exclusif, de réunir deux opinions qui, si elles ont des points de contact communs, ont aussi pour arriver à se grouper sur un pareil terrain des divergences trop sensibles qui font que l'alliance proposée dans ces conditions peut détruire, mais est impuissante à rien édifier. Les autres, pendant ce temps-là, sans chercher à se rendre compte des tendances essentiellement différentes qui les divisent, se laissant séduire par le prestige d'un mot, semblent incorrigibles malgré les déceptions répétées d'un pareil mirage. Même quelques-uns d'entr'eux montrent à leur tour un fétéchisme égal à celui qu'ils ont tant reproché dans le passé à leurs adversaires et, eux qui ont avec raison attaqué le principe absolu de l'hérédité traditionnelle, voudraient reconstituer aujourd'hui au profit de la République une sorte de droit divin auquel ne pourrait même pas toucher la toute puissance de la volonté nationale.

L'union conservatrice, telle qu'elle est généralement entendue, peut, bien dirigée, paralyser dans une certaine mesure l'action gouvernementale de la République et l'empêcher de rien produire d'utile, en l'obligeant sans cesse à se défendre et à lutter pour sa propre existence.

La concentration républicaine, tant préconisée, si difficile à réaliser, peut également de son côté s'opposer au progrès des idées conservatrices et mettre obstacle à la réalisation de celles de ces idées qui sont justes et profitables au pays.

Mais, hors de là, l'union conservatrice et la concentration républicaine, telles qu'elles sont comprises, sont toutes deux impuissantes et forcément condamnées à ne donner l'une et l'autre que des résultats essentiellement négatifs.

Et pourtant nous ne devons pas oublier qu'à l'extérieur, d'un moment à l'autre, des complications peuvent surgir inopinément, qu'à l'intérieur nous nous trouvons en face d'une situation économique complexe et périlleuse. Ce ne serait pas trop du concours et de la bonne volonté de tous pour triompher de cette double et sérieuse difficulté.

Si les circonstances actuelles sont graves, il est d'autant plus nécessaire que chacun y mette du sien et que, pour essayer de sortir du péril commun, chacun se fasse des concessions réciproques.

Ce serait le devoir du gouvernement, ce serait le devoir de l'opposition de chercher sans arrière-pensée, loyalement, un terrain commun où, sans tenir compte des nuances qui les divisent, les honnêtes gens de tous les partis pourraient s'entendre et se donner la main de façon à grouper toutes les forces vives du pays, lorsqu'il s'agirait de faire face aux dangers du dehors menaçant notre honneur national et l'intégrité de notre territoire, aux périls du dedans menaçant notre sécurité et notre développement matériel et moral.

Je sais bien, mon cher ami, qu'actuellement il pourra être

malaisé de réaliser cette entente parce que les luttes ardentes des dernières années ne sont pas sans avoir laissé des traces. Je ne me dissimule pas qu'il faudra pour y parvenir du temps et de la patience, mais il n'en est pas moins vrai que c'est là le but vers lequel il convient de diriger ses pensées et ses efforts. Les difficultés inévitables qu'on rencontrera au début ne sont pas des motifs suffisants pour qu'on doive se décourager et renoncer à l'accomplissement d'une œuvre qui seule, peut garantir l'avenir, en assurant à notre société moderne, qui n'a pas encore trouvé sa voie définitive, une marche en avant, régulière, progressive, sans les secousses désordonnées auxquelles l'exposeraient les impatients, sans les retards injustifiés que lui feraient subir les rétrogrades.

Si cette œuvre est difficile et délicate, si, au premier abord elle court le risque d'être accueillie par les différents partis avec défiance ou tout au moins avec réserve, la masse de la nation elle-même y sera moins réfractaire qu'on ne pourrait le supposer généralement. Vous qui vivez comme moi, assez loin des agitations de la politique militante, vous savez bien, qu'au fond, d'instinct pour ainsi dire, cette masse, qui aime les idées simples et nettes parce qu'elle les saisit plus aisément, ne comprend guère ni les subtilités ni les tactiques parlementaires. Elle peut avoir ses préférences et ses sympathies, mais elle hait les discussions byzantines et les dissertations spécieuses. Aussi se trouve-t-elle aujourd'hui quelque peu désorientée, et au milieu de cette situation, elle se laisse aller, partie dans une direction, partie dans une autre, suivant ses tendances, mais sans grande confiance dans ceux qui devraient la conduire et l'éclairer, sans grand espoir dans l'avenir parce qu'elle a au fond du cœur l'intuition de l'inanité des efforts tentés dans une voie ou dans une autre et l'intuition aussi de l'impuissance actuelle des partis à faire sortir le pays de l'impasse dans laquelle il se trouve. Elle a eu depuis plusieurs années, soit à droite, soit à gauche, trop de déceptions pour qu'il en puisse être autrement; elle ne se décourage pas tout à fait cependant; elle semble même prendre assez bien pour le moment son mal en patience parce quelle ne voit pas la possibilité de faire autrement et qu'elle est habituée d'ordinaire à considérer les difficultés de la vie avec une sorte de philosophie et de résignation natives. Mais le jour où on lui exposerait, au lieu de doctrines ambiguës et pleines de réticences, des idées nettes, facilement saisissables, ce jour-là, elle aurait peut-être dès l'abord un peu d'hésitation parce qu'ayant été maintes fois déçue, elle aurait raison de ne pas avoir confiance du premier coup. Mais peu à peu elle reprendrait espoir et courage, elle marcherait en avant, elle s'associerait résolument à toute tentative sérieuse de conciliation, lorsqu'elle aurait eu le temps d'apprécier qu'il ne pourrait y avoir pour personne ni surprise ni mécomptes dans cette entente qui, pour être féconde, devrait avoir comme base primordiale le respect absolu des décisions de la souveraineté nationale.

En vous indiquant ici quels sont mes sentiments, je n'ai certes pas la prétention, mon cher ami, de fixer du premier coup les conditions possibles de cette entente désirable, nécessaire, pour arriver à constituer au milieu des divers partis qui se partagent en France l'opinion un grand parti dégagé de toute arrière-pensée rétrograde, exempt de toute précipitation dangereuse et à grouper dans une alliance sincère et durable tous les vrais patriotes qui, au-dessus des vaines satisfactions d'amour-propre, placent au premier rang les intérêts vitaux du pays.

Je puis esquisser les grandes lignes qui devraient, à mon sens, servir de guide, mais je laisse forcément à d'autres, mieux en situation et plus autorisés que moi, le soin de formuler les règles mêmes de cette entente. Je me contente de vous exprimer ici mes sentiments qui répondent, je crois, aux sentiments d'un grand nombre, et, après vous avoir indiqué d'une façon générale mes impressions, j'aurais voulu terminer ici cette causerie déjà trop longue, mais pour compléter ma pensée, il me reste encore à vous exposer aussi sommairement que possible dans quel ordre d'idées il conviendrait, suivant moi, de se placer pour chercher à atteindre ce but.

La France, comme je vous l'ai dit tout à l'heure, est une démocratie, et vous reconnaîtrez avec moi qu'il n'est aujourd'hui personne qui puisse sérieusement contester cette assertion. Que l'on aime ou que l'on redoute le principe démocratique, il existe chez nous, et force est bien de s'incliner devant un fait indéniable.

Cette constatation, d'ailleurs, n'a rien qui puisse alarmer les bonapartistes et les républicains, puisqu'ils sont tous deux issus du même grand mouvement qui a mis au monde la société actuelle. Ils peuvent avoir, les uns et les autres, des idées dissemblables sur certains points, mais, enfants pour ainsi dire d'une même mère, tous deux fils de la Révolution, ils ont, sous des formes différentes, une certaine communauté de principes, et, s'ils ont parfois aussi des vues divergentes sur la meilleure route à suivre pour arriver au but, ils n'en ont pas moins une certaine communauté d'aspirations.

Les monarchistes également, quoi qu'à première vue les idées qu'ils représentent semblent généralement plus éloignées des idées modernes, quoique la forme de gouvernement à laquelle ils sont attachés semble s'accommoder moins facilement de l'état démocratique, n'en reconnaissent pas moins pour la plupart l'existence de cet état et ceux d'entr'eux qui ne se laissent pas conduire aveuglément par un esprit de rancune ou de routine cherchent à mettre l'institution royale d'accord avec les idées modernes.

On peut donc dire, qu'à part quelques exceptions négligeables, la lutte n'est plus, comme elle l'a été à d'autres époques relativement récentes, entre l'ancienne société et la société moderne ; celle-ci n'a pas encore achevé sa période de développement normal, mais elle a conquis définitivement droit de cité, sans qu'il y ait possibilité d'un retour en arrière. Puisqu'il en est ainsi, voyons quelles sont, au point de vue politique, les conditions essentielles d'un pareil état :

« Le peuple, dans la démocratie, dit Montesquieu, est, à certains égards, le monarque ; à certains autres, il est le sujet. Il ne peut être monarque que par ses suffrages, qui sont ses volontés.

La volonté du souverain est le souverain lui-même. Les lois qui établissent le droit de suffrage sont donc fondamentales dans ce gouvernement. »

Dans toute démocratie, le principe primordial est, on le voit, le principe de la souveraineté populaire, c'est la nation elle-même, maitresse de ses destinées, c'est l'application de la célèbre formule : « Tout pour le peuple et par le peuple. »

Ce principe peut évidemment revêtir des apparences différentes ; le traité qui intervient sous forme de constitution entre le pays et le pouvoir choisi par lui, entre le mandant et le mandataire, peut avoir une durée plus ou moins longue, peut présenter des conditions de détail diverses, mais il doit toujours prévoir les circonstances dans lesquelles ce traité, le bail, si l'on veut, prendra fin et sera modifié ou sanctionné de nouveau soit à la date fixée pour son expiration, soit lorsque le mandant ou le mandataire reconnaîtra la nécessité d'apporter un changement au pacte constitutionnel, changement qui ne peut s'accomplir en dernier ressort qu'avec le consentement du pays.

Si le peuple, comme l'a dit Montesquieu, ne peut être monarque que par ses suffrages, qui sont ses volontés, c'est que le plus grand nombre des citoyens, pris par les occupations journalières, absorbés par les nécessités de l'existence, n'ayant presque toujours ni assez d'études antérieures, ni assez de loisirs présents pour participer effectivement à la gestion de toutes les affaires publiques, se trouve dans l'obligation de déléguer son pouvoir ; mais, comme le dit encore Montesquieu, le peuple est admirable pour choisir ceux à qui il doit confier quelque partie de son autorité.

Il importe, par conséquent, de lui laisser dans son droit de délégation la plus grande latitude possible, et la meilleure constitution ne sera pas celle qui se rapprochera plus ou moins complètement de la forme républicaine, impériale ou monarchique, mais bien celle à la consécration de laquelle le peuple aura eu la plus large part et dans laquelle il aura manifesté sa volonté de la façon la plus claire et la plus directe, parce qu'en passant par des intermédiaires, cette volonté court parfois le risque d'être inexactement ou incomplètement interprétée.

Il est bien évident, en effet, que la situation politique d'une démocratie sera d'autant plus régulière, d'autant plus stable, d'autant meilleure, que le peuple, sans y être toutefois trop fréquemment dérangé par des agitations stériles ou des compétitions dangereuses, y exercera, par ses suffrages, une action plus effective et plus efficace. Nous n'avons donc pas à nous attacher exclusivement à telle ou telle forme, quelque puissent être les raisons qui motivent cet attachement; nous devons avant tout demander que la nation puisse manifester sa volonté de la façon la plus explicite, afin que le chef de l'Etat et tous ceux qui participent avec lui au fonctionnement du pouvoir en soient bien pénétrés. On réalisera ainsi, entre le mandant et le mandataire, cet accord indispensable, pour que toutes les forces d'un pays viennent utilement coopérer à son développement et à sa prospérité.

Il fut un temps où la réalisation de ce programme aurait pu s'accomplir sans aucune difficulté. C'était au lendemain de nos désastres. Les malheurs de la guerre avaient fait, pour ainsi dire, table rase de nos institutions politiques. L'Empire était tombé et un gouvernement innommé, sans constitution définie, n'ayant reçu de la nation, en dehors de la mission de traiter de la paix ou de la guerre, aucun mandat précis, lui avait succédé. L'Assemblée nationale de 1871 aurait eu dans l'histoire, si elle l'avait compris, un grand et noble rôle à jouer. Après avoir, avec une patriotique résignation, discuté et accepté les stipulations du traité de paix, son mandat avait en quelque sorte pris fin; elle aurait dû alors, mettant à profit les circonstances, se servir de l'autorité passagère que les événements avaient fait déposer entre ses mains, pour laisser au pays le temps de se remettre des émotions douloureuses par lesquelles il avait passé, pour appeler son attention sur les circonstances graves et solennelles dans lesquelles il se trouvait par suite de la vacance du pouvoir, et pour l'inviter à procéder avec le calme et la réflexion nécessaires au choix du gouvernement sous lequel il entendait vivre. Il n'en a pas été malheureusement ainsi. Est-ce la faute des monarchistes qui, ayant formé au début, dans l'Assemblée, une imposante majorité, ont pensé être en état de rétablir le roi, et qui, lorsqu'ils ont vu, après plusieurs années, cet espoir leur échapper, ont, par crainte d'un retour de l'Empire, prêté la main à l'élaboration de la Constitution de 1875? Est-ce la faute des républicains qui, après avoir avec raison, pendant les premières années, contesté à l'Assemblée nationale le mandat constituant, ont trouvé bon de le lui reconnaître lorsqu'ils ont vu le moyen pour eux d'arriver, grâce à une coalition parlementaire et au mépris des droits de la souveraineté nationale? Est-ce la faute de M. Thiers lui-même, qui, parvenu au terme d'une longue carrière, n'aurait pas été fâché de conserver pour lui jusqu'au bout le pouvoir essentiellement transitoire auquel des circonstances imprévues l'avaient appelé?

Le point de savoir à qui incombe cette responsabilité peut être intéressant comme discussion d'un fait historique, mais il n'a pas d'utilité immédiate, car les tristes circonstances, qui ont amené la situation d'alors, il faut bien l'espérer, ne se reproduiront pas. Le seul enseignement pratique qui s'en dégage, c'est que, grâce à l'esprit de parti, le pays a perdu là une occasion qu'il ne retrouvera plus de constituer un gouvernement dans lequel il n'y aurait eu ni vainqueurs ni vaincus, puisque la place était libre et qu'elle aurait été régulièrement donnée à celui que le peuple souverain en aurait jugé le plus digne.

Depuis cette époque, les éléments constitutifs de chaque parti ont éprouvé des modifications plus ou moins profondes sans que l'esprit d'exclusivisme qui les animait semble avoir diminué, et même ce ne sont plus seulement les trois grands partis bonapartiste, monarchiste et républicain qui se trouvent aux prises, ce sont encore les coteries diverses entre lesquelles se subdivisent à leur tour ces partis.

La mort du comte de Chambord n'a pas produit parmi les monarchistes le rapprochement complet sur lequel on croyait pouvoir compter, et certaines divergences ont continué parce qu'elles tenaient non pas à l'hostilité qui avait autrefois existé entre la famille des Bourbons et celle des d'Orléans, mais bien à la différence des idées et des principes que, sous un même nom, l'une et l'autre représentaient.

Parmi les légitimistes, les uns ont gardé pieusement intact le culte des anciennes traditions, animés d'une foi sincère et partant respectable. Fidèles jusqu'au bout, même par delà la tombe, à leur Roy et à leur drapeau, ils n'ont voulu se prêter à aucun compromis, à aucune transaction contraires à ce qu'ils considéraient être le droit et la justice, et ils ont préféré chercher à renouer avec une branche étrangère de la famille des Bourbons la chaîne interrompue de la tradition légitime: Les autres se sont résignés au sacrifice que les évènements leur imposaient et ont accepté comme représentant de l'idée monarchique le comte de Paris, dans lequel ils s'efforcent de voir Philippe VII.

Les orléanistes proprement dits, qui voient surtout en lui Louis-Philippe II, ayant pris naturellement aujourd'hui la direction du parti, sont obligés de compter avec les tendances des légitimistes ralliés, et il en résulte, dans le caractère donné à la propagande monarchique, certaines hésitations et même certaines anomalies. Les orléanistes, en effet, se rappellent que la monarchie parlementaire de Louis-Philippe a été qualifiée la meilleure des Républiques, ils n'oublient pas ni les relations étroites qu'ils ont eues sous l'Empire et sous M. Thiers avec les républicains roses, ni que pendant un certain temps ils ont été eux-mêmes des républicains gris, et ils voudraient, avec raison, faire aux idées actuelles toutes les concessions qui ne seraient pas absolument incompatibles avec le principe monarchique. Les légitimistes ralliés considèrent qu'ils ont fait un grand pas en oubliant les divisions et les luttes du passé, en renonçant à la doctrine de l'hérédité absolue ; ils voudraient donc chercher à restaurer autant que possible le parti monarchique dans son intégrité et ne faire à l'état actuel que le minimum de concessions strictement indispensables.

Considéré dans son ensemble, le parti monarchiste compte dans son sein beaucoup de bonnes volontés effectives et de dévouements sérieux ; il compte même beaucoup d'hommes d'une grande valeur, connaissant bien les affaires et formant une élite distinguée ; il a enfin de longue date et fort bien préparée toute une organisation électorale qui, soit par ses comités, soit par ses journaux, lui a fait prendre la haute main dans la direction du parti conservateur, quoique son importance numérique soit inférieure à celle de ses alliés et qui lui permet ainsi de compter à son actif des forces qui, en réalité, ne lui appartiennent pas. En dehors d'un cercle restreint, l'action royaliste proprement dite n'a guère d'influence, car le parti se compose principalement d'un brillant état-major auquel les troupes font défaut, et, de plus, le double courant d'idées qui le divise affaiblit encore sa force d'expansion.

La mort de l'Empereur et la mort du Prince Impérial ont été pour le parti bonapartiste deux coups bien terribles, et il lui a fallu la vitalité qu'il possède pour y résister, d'autant plus que la sanglante épopée du Zouloulaud lui créait une situation absolument nouvelle. Il ne s'agissait plus de revendiquer, comme on pouvait le faire tant que Napoléon III vivait, l'autorité du plébiscite du 8 mai 1870 qui, jusque-là, n'avait été infirmée par aucune manifestation contraire de la volonté nationale. Il ne s'agissait plus de s'appuyer sur les sympathies profondes que le jeune Prince, héritier direct de l'Empereur, avait du premier coup rencontrées dans le pays. Sa jeunesse avait conquis tous les cœurs ; ce que l'on savait de son mérite lui avait gagné tous les esprits. On avait confiance que, le moment venu, il ne faillirait pas au grand nom qu'il portait, et, pendant cette période, la direction du parti était confiée, en France, à une main expérimentée, à une intelligence supérieure qui, au milieu d'une situation complexe et délicate, a fait tous ses efforts pour maintenir le parti dans la véritable tradition, en dépit des tendances qui se manifestaient déjà et qui cherchaient à identifier dès cette époque la cause de l'Empire avec la cause de la Monarchie.

A la mort du Prince Impérial et quand M. Rouher s'est retiré de la politique active, ces tendances se sont accentuées. L'idée impérialiste s'est substituée peu à peu chez beaucoup de partisans à l'idée bonapartiste proprement dite, et on a voulu surtout voir dans l'Empire une sorte de monarchie, mais plus appropriée aux nécessités d'un état démocratique. Pendant ce temps, le Prince, dont les évènements venaient de faire le chef incontestable, sinon incontesté, de la famille, s'inspirant plus directement des pensées de son oncle, dont il avait recueilli et publié la correspondance, formulait les grandes lignes de la tradition napoléonienne, s'efforçait d'en affirmer l'esprit, d'en dégager les conséquences et, sans se laisser arrêter ni par les formes extérieures, ni par les questions de convention, s'attachait à rappeler le caractère général de cette doctrine qui, poursuivant son œuvre dans des conditions différentes et sous des apparences multiples, doit toujours avoir néanmoins pour but unique l'affermissement et le développement des conquêtes de la société moderne.

Dans le parti bonapartiste, de même que dans le parti monarchiste, un double courant s'est donc manifesté, courant Impérialiste, courant Napoléonien. Cette division a paralysé, dans une certaine mesure, l'efficacité de son action et ne lui a pas permis de prendre le rôle prépondérant qu'il aurait été sans cela appelé à jouer, car, quoi qu'on en dise, l'opinion bonapartiste a poussé au cœur même de la nation de profondes racines et le prestige qu'exerce le nom de Napoléon est encore vivace.

Si nous examinons le parti républicain, nous trouvons là aussi des divisions, et même plus nombreuses, plus profondes que dans les autres partis. Modérés et radicaux se subdivisent en effet à leur tour en plusieurs catégories plus ou moins hostiles entre elles ; ils sont d'accord les uns et les autres pour repousser le système de l'hérédité gouvernementale, mais, ayant au point de vue politique comme au point de vue social, des idées et des aspirations différentes, ils sont loin de s'entendre sur la signification à donner au mot République et sur les véritables principes qu'il convient d'y appliquer. Ils ont des programmes multiples, la plupart hâtivement conçus, insuffisamment coordonnés, qui peuvent utilement servir d'armes de combat quand on est dans l'opposition, mais qui deviennent vite des instruments inutiles ou dangereux quand il s'agit de diriger les affaires publiques. Nous en avons eu de nombreux exemples dans ces dernières années, et depuis dix-sept ans que la République existe, depuis dix ans que les républicains administrent exclusivement et sans interruption, il ne s'est pas encore formé dans leur sein un sérieux parti de gouvernement, malgré les efforts faits dans ce but. Gambetta l'avait tenté, et il y aurait peut-être réussi si les évènements lui avaient permis d'achever son œuvre, car il y avait en lui ce qu'on pourrait appeler l'intuition gouvernementale. S'il n'a pas toujours mis d'accord ses actes et ses théories, s'il s'est montré trop souvent impuissant à calmer des passions ou des rancunes qu'il avait imprudemment déchaînées ; s'il a témoigné en bien des circonstances trop d'impatience et trop de hâte, il faut reconnaître cependant que ces défauts qui, d'ailleurs par suite des circonstances ambiantes, n'avaient pas été étrangers à sa popularité, tendaient à s'atténuer au fur et à mesure qu'il avançait dans la vie politique. Lui mort, d'autres, et qui n'étaient pas non plus sans valeur, l'ont également tenté, mais ils ont également échoué, débordés par les excès du parlementarisme qui, dans un pays démocratique comme le nôtre, faussent tous les rouages constitutionnels et enlèvent aux pouvoirs publics tout sentiment de leur responsabilité, parce qu'ils engendrent une déplorable confusion de ces pouvoirs.

De là, dans les Chambres comme dans le pays lui-même, des rivalités ardentes, de là des compétitions stériles pour la possession des portefeuilles et pour l'obtention des places et des faveurs, de là une orientation politique mal définie, l'absence de tout esprit de suite, une instabilité permanente. Aussi l'opinion républicaine forme plutôt une coalition de coteries qu'un grand parti obéissant aux mêmes principes généraux et ne différant que sur des points de détail ; au milieu des éléments divergents qui la composent, sans aucune unité de vue et d'action, elle présente, si on la considère dans son ensemble, un manque complet de cohésion qui nuit à la puissance d'expansion qu'elle pourrait avoir, qui l'empêche d'arriver à constituer une majorité solide et durable, ayant la conscience de sa force et par cela même ferme, patiente, résolue.

Telle est, à grands traits, la situation actuelle des différents partis. Le développement exagéré du système parlementaire, résultant de la Constitution de 1875, n'a pas peu contribué à amener cet état de choses. Entraîné dans une politique de tactique et de finesse, chacun s'est habitué peu à peu à perdre de vue les grandes lignes fondamentales, et à chercher des expédients d'un moment plutôt que des solutions d'avenir. C'est ainsi que, grâce à une regrettable confusion des mots et des idées, on a vu les diverses fractions du pays essayer de se grouper entre elles, bien plus au gré des passions ou des rancunes qui les animaient que d'après les véritables principes qui auraient dû les inspirer.

On commence cependant à s'apercevoir de l'inanité et même des dangers de ces alliances hybrides. Elles sont incapables de produire aucun effet utile, et elles condamnent la nation à l'agitation dans le vide et au piétinement sur place.

Les forces républicaines et les forces conservatrices, telles qu'elles sont aujourd'hui réparties, sont à peu près d'égale importance, mais elles sont impuissantes, les unes comme les autres, à constituer une sérieuse majorité. Les unes et les autres, en effet, ne forment qu'une juxtaposition hétérogène d'idées contradictoires entre elles, capables de s'entendre dans un but de destruction ou de résistance contre ce que l'on considère comme l'ennemi commun, mais incapables de s'entendre pour profiter de la victoire une fois remportée, parce que les fractions antagonistes dont se compose le parti victorieux se retrouvent alors aux prises, et que cette majorité de rencontre s'évanouit pour faire place dans son sein à des minorités affaiblies.

Nous avons déjà vu, en maintes circonstances, ces dissensions se produire dans le parti républicain depuis qu'il est à la tête des affaires. Aussi, en dépit des programmes pompeux, des promesses formelles, en dépit même des intentions de les réaliser, les essais de réformes sérieuses et utiles n'ont pu être tentés avec succès, et l'œuvre à entreprendre se trouvait d'avance vouée à la stérilité.

Si les hasards électoraux appelaient dans un avenir plus ou moins prochain les conservateurs au pouvoir, leur situation serait la même, et ils auraient également à lutter entr'eux contre des difficultés identiques, et ils ne parviendraient pas davantage à triompher.

D'un côté comme de l'autre, on ne peut donc espérer, pour le pays, une solution heureuse, tant que les partis continueront à rester sur le terrain où chacun a cru devoir se cantonner.

Les questions d'Empire, de Monarchie ou de République ne devraient pas avoir le premier rang dans nos préoccupations, car elles n'ont, le plus souvent, sur les destinées d'un pays, qu'une influence relative. Les questions primordiales sont la reconnaissance du droit pour le peuple de manifester sa volonté, l'application de ce droit d'une façon aussi large et aussi complète que possible, enfin le respect sincère des décisions rendues par la souveraineté nationale. Nous ne devons pas dire comme certains solutionnistes imprudents : Tout, plutôt que la République ! ni comme certains impérialistes intransigeants : Tout, plutôt que la Monarchie ! ni comme certains républicains inconséquents : Tout, plutôt que l'Empire ! Nous devons simplement reconnaître que le peuple, dans une démocratie, étant investi du pouvoir souverain, tout gouvernement est bon et légitime qui a été institué par lui et que le meilleur est celui à la confection duquel il pourra prendre la plus large part.

C'est dans ce sens qu'il faudrait diriger nos efforts ; c'est au nom de cette idée, qui n'est exclusive d'aucune forme de gouvernement, qu'il faudrait faire appel au concours et à la bonne volonté de tous ; c'est sur ce terrain, large et facilement accessible, qu'il faudrait chercher à grouper les démocrates honnêtes et sincères pour former une union loyale et féconde.

Pour sortir de l'impasse où nous nous trouvons et qui est si préjudiciable aux intérêts de la nation, nous devons chercher ce qui nous rapproche et non ce qui nous divise ; nous devons chercher, au lieu de coaliser nos rancunes, à fusionner nos espérances ; nous devons chercher, dégagés de toute idée étroite, de tout sentiment égoïste, à travailler en commun avec ardeur et persévérance au relèvement et au bonheur de la patrie, à tenter cette grande œuvre de réconciliation nationale.

Cette union, pour s'établir, exige, bien entendu, des concessions mutuelles. En pareille occurrence, conservateurs et républicains ont tous deux un grand devoir à remplir.

Les conservateurs, tout en gardant une entière liberté d'appréciation pour signaler les fautes commises et indiquer les mesures à prendre, doivent renoncer à faire à la République une opposition systématique et de principe. La République existe. Sa naissance n'est sans doute pas venue dans des conditions absolument régulières ; son avènement a été accompagné de circonstances qui lui ont laissé profondément imprimée la tache originelle, mais il faut bien reconnaître que les défauts trop nombreux que nous pouvons, hélas! constater, tiennent moins à son principe même qu'aux milieux dans lesquels elle est née et s'est développée. Placée dans d'autres conditions, elle donnerait peut-être d'autres résultats.

Les républicains, de leur côté, doivent bien se pénétrer de cette idée, qu'il ne faut pas se comporter au pouvoir comme en un pays conquis ; qu'il ne faut prêter la main ni au favoritisme exagéré, ni aux tracasseries mesquines, ni aux dénonciations lâches, ni aux persécutions hypocrites ; ils doivent se rappeler qu'un gouvernement vraiment digne de ce nom peut n'être que l'élu d'un certain nombre, mais qu'il a le devoir d'être le mandataire impartial et fidèle de toute la nation. C'est seulement à ce prix qu'il a droit au respect et à l'estime ; qu'il exerce une salutaire influence. S'il agit autrement, il est possible qu'il obtienne des succès éphémères dûs à la surprise et à la violence, mais il ne parvient jamais à rien fonder de stable ; il finit par être fatalement emporté à son tour par le tourbillon des passions qu'il aura déchaînées, et il tombe, à juste prix, sous le mépris public, parce qu'il aura méconnu ses devoirs essentiels et sacrifié à ses satisfactions personnelles les intérêts du pays.

Ces concessions nécessaires que les partis ont à se faire réciproquement ne doivent pas, semble-t-il, coûter beaucoup à ceux qu'anime un véritable esprit démocratique.

Si, grâce à cette sage attitude des uns et des autres, la République consolide son pouvoir d'une façon durable, si elle réalise le gouvernement de tous et pour tous, si, conformément à la parole que je vous citais tout à l'heure elle devient la forme définitive dans laquelle la société actuelle doit trouver la garantie de ses droits, quel mal y aurait-il et qui pourrait s'en plaindre?

Si, au contraire, malgré des efforts loyalement tentés en commun, les espérances qu'il est permis de concevoir ne se réalisaient pas, le peuple, dans sa souveraineté, saurait de lui-même, au moment venu, sans agitations stériles, sans perturbations dangereuses, trouver une autre solution conforme à ses besoins et à ses aspirations.

Je me rends compte, mon cher ami, de l'objection que républicains et conservateurs vont faire à première vue. Très bien, diront-ils, mais que nos adversaires commencent à donner l'exemple et nous les imiterons. Si nous désarmions les premiers sans avoir la certitude absolue d'être suivis, nous nous exposerions à rester sans défense en face de gens résolus à continuer le combat.

Je ne crois pas que cette objection soit bien sérieuse.

En effet, quand une opinion peut s'appuyer sur les grands principes généraux qui doivent être la base de notre société moderne, quand elle peut inscrire franchement sur son drapeau, sous une formule simple et loyale, exempte de toute complication et de toute ambiguité, les droits essentiels d'une saine démocratie, elle n'a rien à craindre, parce qu'elle est assez forte pour résister aux attaques d'où qu'elles viennent; elle n'a qu'à attendre patiemment le jour où le peuple désabusé viendra à elle, parce qu'on a beau dire et beau faire les habiletés et les finesses des coteries peuvent faire illusion quelque temps, mais il arrive toujours un moment où elles finissent par être percées à jour et par perdre tout prestige, toute influence. Il ne faut pas oublier que, si la masse du pays a pu se trouver entraînée presque inconsciemment à la remorque des politiciens dans les querelles des partis, elle ne tardera pas à s'apercevoir et s'aperçoit peut-être déjà que d'un côté comme de l'autre, elle a fait fausse route; elle commence à se lasser de cette agitation stérile, de cette politique exclusive et passionnée, elle commence à en comprendre les dangers et le temps n'est sans doute pas éloigné où, atteinte dans ses intérêts particuliers, alarmée dans son patriotisme, elle cherchera, loin des coteries divisées et impuissantes, le remède de ses maux, l'atténuation de ses craintes.

Ce qu'elle veut avant tout, ce dont elle a besoin, c'est un pouvoir, quelque nom qu'on lui donne, qui, assurant l'ordre, la justice et la liberté, inspire à tous cette confiance et cette sécurité sans lesquelles une nation ne peut travailler, se développer et vivre. Et, cette masse, qui, somme toute, forme la majorité du pays, finira bien par faire triompher sa volonté et l'imposer à ceux qui auront voulu la méconnaître.

Je m'arrête, mon cher ami, car après avoir indiqué le principe général dégagé de toutes les questions d'application et de détail, s'il me fallait encore examiner et discuter ici l'ensemble des mesures qui pourraient le mieux et le plus vite assurer la réalisation de cette idée, cela m'entraînerait dans des développements dont la longueur vous ferait sans doute regretter la petite consultation politique que vous m'aviez demandée. Nous aurons probablement d'ailleurs occasion de revenir sur ce sujet à diverses reprises dans nos causeries ultérieures.

Pour aujourd'hui laissez-moi seulement vous dire en terminant combien je suis convaincu que l'entente pourrait être rapidement conclue et durable entre tous ceux qui, pénétrés de la vérité de ce programme, seraient résolus à l'accepter de bonne foi et sans arrière-pensée. Il y aurait là une force sérieuse, calme parce qu'elle aurait la notion de sa valeur, persévérante parce qu'elle aurait le sentiment de son utilité; elle atténuerait tout au moins dans une large mesure les dissensions funestes qui nous affaiblissent; elle finirait par grouper en un faisceau compact tous les Français que la politique de parti peut actuellement diviser, mais qui, animés au fond du cœur d'un même amour de la véritable démocratie, ont le sincère désir d'en favoriser l'évolution normale et progressive à l'abri des écueils de la réaction et des excès de la démagogie.

Albert CAZENEUVE.

Fonsorbes, 12 mai 1888.

Toulouse. — Imprimerie F. TARDIEU, rue des Gestes, 6.

www.ingramcontent.com/pod-product-compliance
Ingram Content Group UK Ltd.
Pitfield, Milton Keynes, MK11 3LW, UK
UKHW022205190726
13855UKWH00004B/1627